# MUSEOS

LEP/NEP

## Lugares divertidos para visitar

Jason Cooper
Versión en español de Elsa Sands

The Rourke Corporation, Inc.
Vero Beach, Florida 32964

CREDITOS FOTOGRAFICOS
© Lynn M. Stone: Todas las fotos con la excepción de la
página 10, © del Instituto Smithsonian

**Library of Congress Cataloging-in-Publication Data**
Cooper, Jason, 1942-
    [Museums. Spanish]
    Museos / por Jason Cooper; versión en español de Elsa
Sands.
        p.  cm. — (Lugares divertidos para visitar)
    Incluye índice.
    Resumen: Una introducción a la veriedad de museos que
existe y los muchos placeres que contienen.
    ISBN 0-86593-239-5
    1. Museos — Estados Unidos — Literatura juvenil.
[1. Museos.  2. Materiales en idioma español.]  I. Titulo.
II. Series: Cooper, Jason, 1942-    Lugares divertidos para
visitar.
[AM11.C6518  1992]
069'.0973–dc20                              92-17828
                                                CIP
                                                AC

# TABLA DE CONTENIDO

# MUSEOS

¿Dónde puedes ver pinturas y aviones viejos, momias y chivos monteses, estatuas y culebras? ¿Dónde puedes ver huesos y pájaros, monedas y autos, tigres y tiranosauros? En un **museo** por supuesto.

Los museos son lugares donde puedes guardar y mostrar, o **exhibir,** muchas cosas de interés e importancia.

La **colección** – o los objetos que muestra – es diferente en cada museo. Cada museo está lleno de sorpresas maravillosas.

*Esqueleto de un tiranosauro*

# MUSEOS DE ARTE

La gente visita los museos para ver pinturas, estatuas, alfarería, armas, joyería, **escultura** y muchas otras cosas. Los artistas hacen sus esculturas cortando y formando materiales como la madera, el mármol y el marfil.

En un museo de arte grande uno puede viajar a través del tiempo al mover de una sala a otra. Cada sala contiene tesoros de otra época.

*Leones guardianes del
Instituto de Arte de Chicago*

# MUSEOS DE CIENCIA

Los museos de ciencia tienen exhibiciones naturales que muestran la naturaleza cómo es ahora y cómo puede haber sido en el pasado.

En los museos de ciencia puedes ver muchas clases de animales y sus **hábitats**, los lugares donde viven.

Algunas clases de animales que se exhiben en el museo están **extintos**, han desaparecido para siempre. Los huesos de los dinosaurios, por ejemplo, son exhibiciones populares de muchos museos de ciencia.

*Visitando una exhibición*
*natural de un hábitat*

# MUSEOS CON MAQUINAS

Algunos museos tienen las máquinas que transportan a la gente como los automóviles, trenes, y aviones.

Los museos de ferrocarriles muestran las locomotoras de vapor y otras locomotoras que halaban a los trenes en el pasado.

El Museo de Aire y Espacio de Washington, D.C., exhibe aviones antiguos y astronaves americanas.

En el Museo de Ciencia e Industria en Chicago puedes caminar abordo de una máquina extraña – un submarino alemán de la segunda guerra mundial.

*Ford trimotor y otros aviones en el Museo Nacional de Aire y Espacio, parte del Instituto Smithsonian de Washington, D. C.*

11

*Explorando con las manos cómo funciona el cerebro en una exhibición*

*Museos de ferrocarriles exhiben locomotoras antiguas*

# MUSEOS PARA NIÑOS

Si quieres aprender y divertirte al mismo tiempo, visita un museo de niños. Las exhibiciones de ciencia, matemáticas, música, historia, computadoras y arte muchas veces se pueden tocar. ¡Esto quiere decir que no sólo vas a mirar pero que puedes usar los materiales también!

Algunos museos de niños tienen colecciones de muñecas, casas de muñecas, modelos de trenes y juguetes.

14 *Un corazón que tiene un interior por el cual uno puede caminar en el Museo de Ciencia e Industria de Chicago*

## MUSEOS ESPECIALES

Un museo puede estar limitado a sólo un interés especial. Podría ser un museo de béisbol, de policía o de bomberos. También podría ser un museo cultural para cierto grupo de personas como los afro-americanos, los hispanos o los indios norteamericanos.

Los **museos vivos** son casi siempre pueblos antiguos e históricos con actores que se visten, comportan y hablan como la gente que vivía allí.

*Una pintura de Osceola, por el artista George Catlin en el Museo Seminole en Florida*

# DETRAS DE LAS EXHIBICIONES

Cuando visites un museo es posible que conozcas a una de las personas hábiles que trabaja allí.

Algunos de los miembros del personal del museo se dedican a encontrar objetos nuevos. Otros estudian las colecciones del museo y las preparan para exhibir.

El personal del museo hace los programas educacionales, juntan dinero para el museo y planean sus exhibiciones.

Los artistas y los escritores del museo aseguran que las exhibiciones sean más útiles y atractivas para las visitas.

*Peggy McNamara, una artista*
*del Museo Field en la exhibición*
*del leopardo nival*

## MUSEOS COMO MAESTROS

Cuando visites a un museo vas a aprender mucho. Puedes aprender sólo al observar y leer sobre las exhibiciones. Pero también aprenderás al participar en los programas especiales que ofrece el museo con visitantes especiales, películas interesantes y exhibiciones que puedes tocar. El museo también puede dar giras con un guía especial.

Las tiendas del museo ofrecen libros, juguetes, videos y otros materiales para comprar.

*Un maestro del museo muestra*
*las plumas de pingüino*
*a los visitantes jóvenes*

# TESOROS DEL MUSEO

Los museos guardan objetos raros, poco comunes y bellos. Muchos museos tienen un valor de cientos de miles de dólares. Por eso quizás veas un guardia de uniforme en cada salón del museo.

Muchos de los objetos no se podrían reemplazar si alguien los robara o se perdieran.

Si tienes una colección en tu casa quizás algún día tenga valor y se podrá ver en un museo.

# GLOSARIO

**colección** – un grupo o grupos de objetos guardados por un museo

**escultura** – objeto hecho por un artista usando herramientas filosas

**exhibición** – un objeto del museo y sus alrededores; el hecho de mostrar un objeto (exhibir algo)

**extinto** – que ya no existe

**hábitat** – las clases de lugares donde viven los animales como el bosque o el desierto

**museo** – un lugar y una organización que guarda y muestra colecciones de objetos importantes

**museo vivo** – una colección casi siempre de edificios donde actores reviven el pasado

# INDICE